exzi-
tanz

rudi behnke

# exzi
# tanz

surreale poesie

Die Deutsche Nationalbibiliothek verzeichnet diese Publikation in
der Deutschen Nationalbibliografie; detaillierte bibliografische
Daten sind im Internet über dnb.de abrufbar

Herstellung und Verlag:
BoD - Books on Demand Norderstedt


ISBN: 9783749449798

# inhaltsverzeichnis

## vorwort

schutz suchen
beschützt sein

wie weit kann ich gehen
um nicht schutzlos
ausgeliefert zu sein

vertrauen können
kann ich an grenzen gehen
oder bleibt am ende
ein schmerz

kann ich das leben
aushalten
zwischen
wahrheit und lüge

im netz

gleichgültigkeit hat keine farbe
urbane einöde frisst am grau
bricht den leib der puppen

sie sind erwacht wie rosen
mit verborgenen posen
schmetterlinge
kokonverloren im steingarten

vogelfrei
in der spinnenzeit
vernetzt
gezielter heiligkeit
der fäden

flügelleerer
morgentau
fällt zu boden
in der spinnenzeit
vernetzt
gezielter helligkeit

fragil

ich breche ab
meine gedanken
vergessen
verliere mich
im einschlagpapier
halte fest
den rest
zeitlose
dinge
gelassen
im karton

ich liebe dich

gedankenblätter
wortgetüm
flatterhaft gekleidet
in schnelle worte
verlogener zeit
erwachen in der tiefe
tragen mit sehnsucht
das dickicht der gedanken
auf flügeln ans licht

sei wachsam
filter deine worte
profile im labyrinth
zielen auf dich
ich hab
wegradiert
überall
fussel
krümel
ich liebe dich

feuervogel

gedanken verriegeln die zeit
gedanken der einsamkeit
haben viele gesichter
im rausch auf der flucht
feuervögel an lippen trinken
verzehren den geruch

im fieber roter augen
ruft die andere liebe
süßes blut
süßes blut
schwarze schwingen
treiben ein spiel
auf nackter haut

deine empfindungen
meine hoffnungen
sie hängen an blättern
und blüten
in der nacht sind sie hilflos

der feuervogel stürzt herab
vor lauter lust hat er begehrt
vor lauter lust hat er verzehrt
der feuervogel wird nicht satt

underworld

die verschwiegenen kanäle
sind ein kessel der bitterkeit
erdbeben bereit
magma zerreißt die trassen
aus den schluchten
klafft das leid

angst steckt in ritzen
zwischen varitzen
platzen wünsche
der gezeiten

wie kann ich vergessen
die die immer gegenwärtig
abartig um sich schlägt
in mich dingt
mich nicht schlafen lässt
in unschuld

himmelstürme zerreißen
die nacht
blutregen kleidet den tag
im wettlauf gegen die zeit
das leben

red line

die zeit bleibt
im sand der zeit
sommerstürme
im roten kleid
sagen die wahrheit
ohne dich
ist alles anders
und die spur
führt ins leere
schritte der distanz
auf dem weg
fremder straßen

unbegreifliche hindernisse
die mauern
sie türmen sich auf
umkreisen das sein
im steinschlag der zeit
stein für stein
schreit auf
auf sandigem grund

manchmal ziehe ich
mit weichen linien nach
was mich fühlen lässt
doch der rote faden
hat mich fast erhängt
ja
immer noch drückt der knoten
am schlund

ritual

kopf oder zahl
in die hände getrieben
rosen aus stahl

kein anfang
kein ende
nachtfieber frierend
die zahl

nachtfilter getränkt
rot gehaucht
das tuch

kein anfang
kein ende
vernarbter tag
vernarbte nacht
verfluchter geruch
durch feuertürme
jagt der atem
raster gallert bitter

feuergeflecht trinkt
den pulsschlag
frisst
saphirzartes fleisch
splitterreich gespickt
mit anusrosen
ohne zahl
zum abendmahl

der weg zu mir

der gesang der lerche
ist mehr
ist näher
dem paradies
kann sie
nicht fassen
kann sie
nicht hassen
die
die liebe heißt

ich höre ihren notruf
in smaraktener tiefe
der kettensterne
stiller nacht
heiliger nacht
der ferne

saitenspiel

silberklang
flieg
vogel
flieg
sing mir
ein lied
sing mit bangen

der mond hat bunte flügel
trägt den silberklang
hinter goldenen stangen

küsse müssen
von mund zu mund
träumende lippen
flehen

28

ohnmacht

kopffeuer jagen
blitze schreien auf
mit übelkeit
lautlos
welche farbe
hat die liebe
sie haben ein  bild
von dir
in mir gemalt
mit fenster
tür und garten
licht und schatten
hab den weg
in farbe
nicht erkannt
fand nicht
die tür zum garten

eine hand voll perlen
sucht das glück
einsam
auf der schattenseite
auf dem weg
der tränen
verliert sich die spur
es ist fast nacht
ich will nicht mehr
nicht mehr
ein fremder sein
in mir

vermisst

wo waren die träume
als ich träumen wollte
sie sind zerrissen

sehnsüchtige wasser
blumen im sommer
im schatten vergessen
sind ein teil von mir
wollen vergessen
was war
was ist

wäre dieser schmerz nicht
auf weichen kissen
die küsse
die warmen hände
vermissen
das bleibt

über nächte
müssen sie gleiten
öffnen fünf türen
fluten ins licht
ergreifen
den augenblick
den regenbogen
sehnsüchtiger wasser
farbenspiel

ausrede


starken in die bracke
nur weit weg
es war der harlekin
sagt mir
hat keinen zweck
tag und nacht
fratzen schneiden

fassade
hilflose
klage
windet
sich
parolen
ranken
peitschen
stilblüten
in mein
gesicht
treiben mir
die wahrheit aus

anecken

mit hingabe war angedacht
auch schnell vergessen

vermessen zu denken
ich wollte ablenken
von wegen
die ich gegangen

kalte füße
waren mir fremd
haben mich getragen
und stehen gelassen
in allen ecken

stigma

hab gemalt
auf mauerwände
die noch frei
in smartphonschluchten
der townships
mein graffitiherz
crashart blütenschrei

glatt liegt die mauerblume
die die minze scannt
kennt nicht
das brennen
blatt für blatt
als ein geschenk
erschöpfter küsse

schattenliebe

in der fülle
kleiner explosionen
frei von fesseln
abgehoben
streifen spinnen
der pagoden
das eisgebinde
gezerrter räume der nacht
aufs gesicht

in dunklen gängen
suche ich nach dir
entlang
der flimmerklänge
überspannt
erregter spiele
zungenfeuer
gesteckter ziele

herzflimmern

im halbschatten
unser hände
im halbschatten
schattenwände
im halbschatten
herzflimmern
im halbschatten
schattenzimmer
im halbschatten
unsere liebe
im halbschatten
unsere triebe
im halbschatten
schattenliebe
im halbschatten
unsere küsse
im halbschatten
schattenflüsse
im halbschatten
herzflimmern

mein herzblut

mir geht es gut
mir geht es gut
ja
mir geht es gut
dann und wann

bei geöffnetem fenster
höre ich deine schritte
auf dem asphalt
im bücherregal
liegt mein blutend herz

mir geht es gut
mein herzblut
ja
mir geht es gut
dann und wann

mir ist kalt

nightstick

stilblüten
wachsen
langsam
im haufen
altpapier

zerpflückt
aufgespickt
in einsamer
stille
der tage
der nächte
der jahre

schiffchen faltend
auf dem grund
wellenreitend
gefunden

blütenkiel
zieht hinterher
das bündel
der zensur

domino

alles verraucht
alles verbraucht
stein für stein
stein auf stein
das herzcarré
in den fugen
bricht
der schmerz
das feuer
schattenliebe
schattentriebe
schattenhiebe
fliegen
wie flocken
im schnee
trümmer
sind geblieben
separé
der hunger
friert
auf schwarzen
steinen
domino

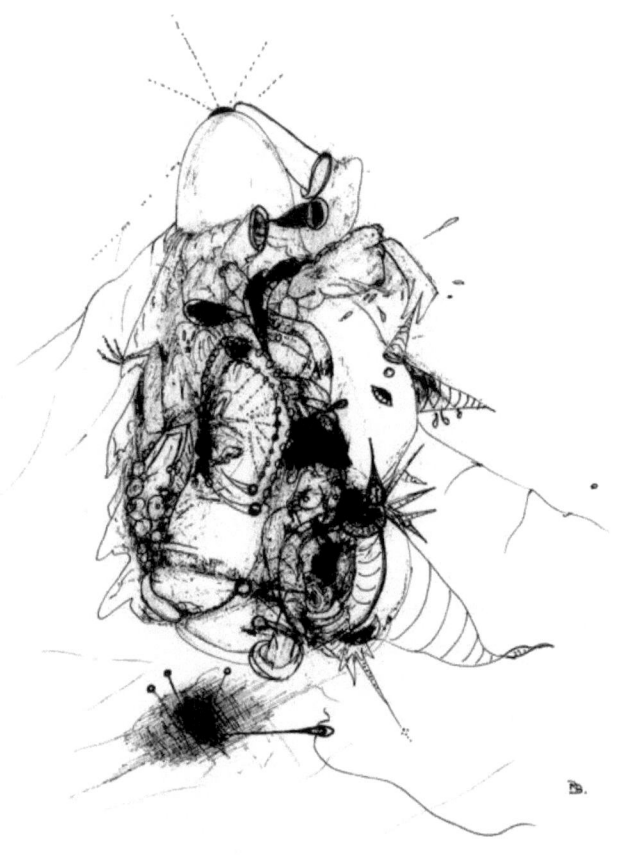

in der stille

das kleine zimmer
verbrachte den abend
mit sterben
sternenmobile
schlittenfahrt
opferlamm
blut im schnee

in der stille
den kranz binden
mit blindenhänden
sehendem schmerz
auf weichen laken

träume verbinden
an grauen tagen
träume verbinden
in der einsamkeit
träume verbinden
mit weichem faden
die vielen fragen
einer nacht

steinschlag

manchmal
wie sie sein
manchmal
hart sein
aus stein sein
kalt sein

steine können
schön sein

steine schlagen
köpfe ein
steine können
heilen
steine können
erinnern
steine sind
abschied
steine
haben ewigkeit
steine können
ein grab sein

profillos

profile schneiden
ecken und kanten
egalisieren
schweißnarben
glätten
keinen riss lassen
im perfekten gesicht
der pathologie

es leuchtet
schon lange
nicht mehr

lippenfluss

flüchtig
fahrig
in den tod gedacht
geht der schlaf
am ufer entlang
flatterhafter lippenfluss
tuchgefühl erstarrt

grün ist
die hoffnung
die liebe
rot
schwarz
das meer
ausfahrt
tod

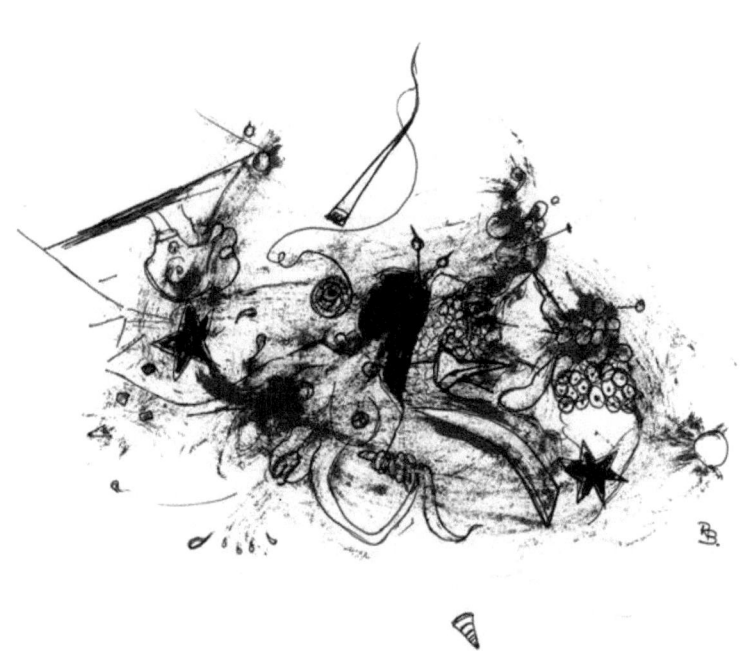

red river

auf dem fluss der flüsse
peitschenhiebe
ewig nackter
hilfeschreie
fließt das blut
geraubter küsse

es gibt kein halten
plötzlich sind sie da
die spitzen

mördergesänge
schlangenküsse
der liturgie

zwischen
reißenden
wassern
geifernd gischtgesang

du willst nicht wissen
du hast vergessen
auf weichen lippen
des tang

## strandgut

eine flasche sexaroma
aufblasbarer däumling
gummifrau
feurige stumme gäste
in rot und blau
berühren
verführen
das kiesbett der flüsse

vergessen nicht
was war
was ist
was bleibt
penetriert

visionen

spannungen aushalten
schlüsse ziehen
schalten
ermessen
wie weit
kann ich gehen
kann ich klar denken

die pole tauschen
durch eine
andere welt
laufen

in einer welt leben
ist zu wenig
die früchte ernten
zu viel
wie kann ich ausbrechen
aus dieser zwangsjacke
die mir keine freiheit
lässt

ich schreie
ich weine
ich weine
ich schreie
mit lüsternem verlangen
in die ferne

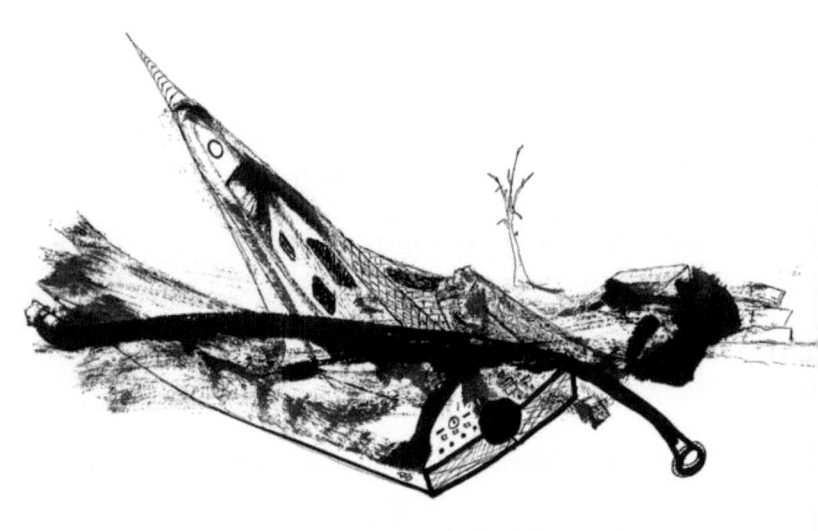

visionen
haben fliegen gelernt
steigen auf
zu den planeten

die legionen
gleißender gedanken
flackernder sterne
gleiten
durch die kolonie
der schizophrenie
abgemagert
ausgebrannt

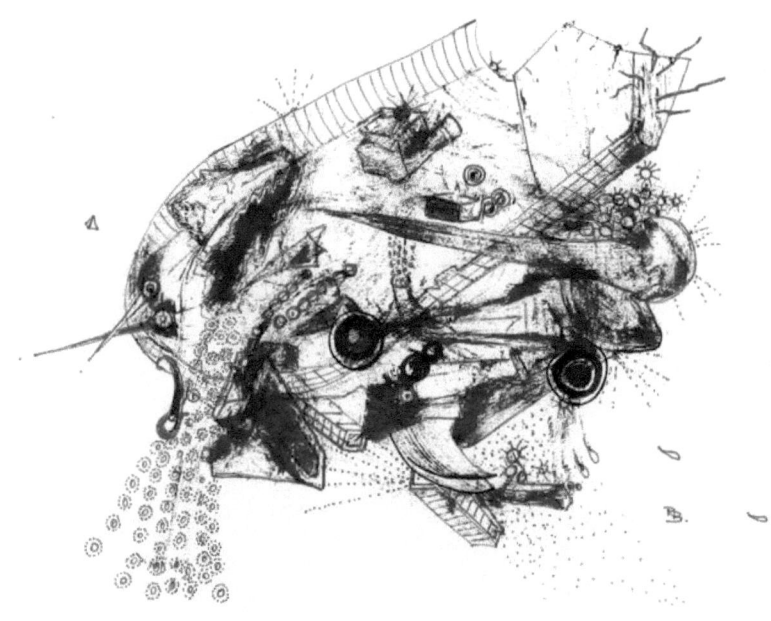

blendung

du fliegerin
in meinem kopf
du schmuckdesignerin
der träume
im wettlauf der zeit
wohin
mit dem schrott
wohin
mit dem
falschen zauber
fassettenschliff
des augenblicks
leidet lupenrein

lichtgedanken
umspannen
atemlos emotionen
flügel aus stahl
vom blitz getroffen
brechen ab
schweigen
auf kaltem stein

schwarzer engel
deine gebärdensprache
der flügelschläge
bewegen deinen
leblosen körper
auf brüchigen gelenken
der glaubwürdigkeit
durch die galaxie

wahrheit und klarheit
die engel der lüge
kennen keine grenzen
im universum
inzest tödlicher gier

die schwingen
der notdurft
zwingen dich
in den abgrund
der würdelosigkeit
wenn mich nichts
schmerzt
ist es doch
deine armseligkeit
und verkommenheit

erkenntnis

du riechst wie toter fisch
erinnerungen aus der tiefe
fliegen im schuppenkleid
zeitloser wiedergeburt
der metamorphose
auf flügeln der ratio
im sturm
der evolution
der schmerzensschreie

lichtgesichter
im engelgespann
bis der hitze
die flügel lahm
in der monde
sternenkranz
klarer schmerzen
auf weichem
flammentuch
erstarrter
erdenbahn
der lichtgewitter

sie werden wieder
fliegen lernen
auf der nebelbank
verhangener
unendlichkeit
wolkenschatten
spielen in der kindlichkeit

irgendwo
im nirgendwo
der sternenwelt
mit lichterspielen
über den wassern
goldregen
sternenküssen
die keiner zählt

wiederkehr

im zeichen
des widder
fließt die zeit
auf der suche
nach dem
goldenen fließ
ich trinke aus
den kelch
den roten fluss
höre den klang
der wiederkehr
des planeten

ja
es wird ein langer flug sein
auf leerer spur
schreibt er dann
den neuen namen
der engel im silberkleid

stella

trauer musst du extra tragen
sterne säumen die nacht
mit ungeduld
nimm es leicht stella
mit einer träne im auge
blicke zurück
an den wassern zu babel
hast du einst geweint
suchtest trost in einem lied
stella

ich will nicht wissen

wie lang ist ein tag
im stillen wasser
brechen die fluten
das sein
wer bin ich
wer bist du
die händelosen winde
teilen das meer

ich will nicht wissen
wie du heißt
ich will nicht wissen
wer du bist
ich will nicht wissen
wie du fliegst
ich will nicht wissen
wo kommst du her
ich will nicht wissen
übers meer

ich will nicht wissen
wie du riechst
ich will nicht wissen
wie du schmeckst

ich will dich küssen
dann werd ich wissen
wie du schwebst
über dem meer

wie lang ist eine nacht
wenn der tag dich nicht
wecken will
und das erwachen
wahrheit heißt

fadenschein

gib acht
goldener schnitt
im garten
ebengleicher
sichel
feuerschlag

augentrost
tropft
mit bedacht
in die leere
stillt
den durst
der mitte

stille wasser
fadenschein
trinken aus
den tag
mit
der bitte

rückblick

vom zimmer
am ende
der welt

am wasserlauf
schaue ich durch
das fenster
das in die tiefe fällt

wer fängt mich auf
bevor ich zerschelle
in der stromschnelle
mit schwindelfreiem
blick
am lebenslauf

hoffnung

das kleine blaue
fenster
am ende
des flures
träumte
vom fliegen
von einer schwalbe
gefaltet aus papier
an dem tag
als die erde
stillstand

schlusswort

im stil meiner bildhaften sprache
haben visionen fliegen gelernt

zukunftweisend
wachsam
sensibel
mache ich aufmerksam auf meinen
und den zustand der welt

der autor

rudi behnke

geboren am 27. januar 1948 in kyritz
brandenburg

kunststudium  in wuppertal
studium theologie und psychologie in lemgo
er lebt seit 1974 als freischaffender maler und
lyriker in oberhausen.

Kontakt:

rubehnke@web.de
www.multi-art-oberhausen.de